JN409115

작은 등불

지성 · 감성의 메타언어
조선문학시인선 · 328

작은 등불

황 호 빈 시집

조선문학사

■ 시인의 말

누가 나에게 "시를 왜 쓰느냐"고 묻는 이가 있다면 "시를 쓰는데 대단한 이유가 있는 것이 아니에요. 그냥 시가 좋아서"라고 대답할 거에요.

오랜 시간 습작을 해 오는 동안 너무 멀리 와버린 나에게 한 부분이 되어버린 운명 같은 동반자로 자리 잡은 시.

아름다운 꽃보다 계절을 작별하는 낙엽에 더 마음이 끌리던 나.

초등학교 4학년 때라고 기억이 됩니다. 국어시간 담임선생님께서 장래 희망이 무어냐고 물으실 때 글 쓰는 작가가 되고 싶다고 대답을 했지요. 그 후 내 마음속엔 한 그루의 나무가 자라고 있었습니다.

누구에게나 인생길에서 만나는 크고 작은 고난들을 피해가며 살 수는 없는 것 같아요. 풍랑을 만난 배가 찾는 피안의 세계로 찾아 들어간 곳이 험하고 외로워도 나의 깊은 내면에서의 나만의 조용한 삶이라 생각하며 시에게로 갔어요.

시를 쓰면서 모든 아픔들을 감사하며 살 수 있었지요. 바람은 가난한 마음에 용기와 소망의 언어로 사랑의 울타리를 치고 영혼의 울림이 있는 시를 쓰고 싶어 기도합니다.

고희를 넘어온 늦깎이로 탈출하지 못한 일상의 관념들로 엮어진 진솔한 삶의 표현들이기에 단 한 사람의 가슴에라도 감동이 있기를 바라는 마음, 욕심일까요?

이 자리에 오기까지 아름다운 시 세계를 열어주신 박진환 교수님, 진심으로 감사합니다. 사랑의 마음으로 서로를 격려해 주는 21C시학아카데미 회원님들께도 감사드리며 여러 모양으로 도와준 가족들에게 고마운 마음 전합니다.

2012. 仲秋

황호빈 씀

작은 등불

제1부
감사하며 사는 일

제2부
사계 순례

제3부
낙수집

제4부
시집 평설

제1부

감사하며 사는 일

작은 등불

모두 떠나버린
빈자리엔

등불 하나쯤
켜 두고 싶다

빛이 쇠하여져
보는 이 없더라도

어둠 속 사라져가는
그 영혼을 위하여

하루를 살아가는

흘리고 달려온 꿈
만나기 위해
거리로 나섰다

문명에 침몰되어 가는 오늘이
발길에 채이고 있다

추락하는 잎새에 인화된
갈증에 타고 있는
지친 얼굴들이
쉴곳은 어디에 있을까

잃어버린 꿈밭에 경작해온
포기할 수 없는 내일이 있어
퍼내어도 마르지 않을
깊은 샘 파고 있다

나는

나는
깨어진 소중한 마음 위해
당신이 보증이 되어 주시길 기도합니다

나는
내면에 영원히 흐르는 맑은 물
흐리지 않기를 소망합니다

나는
속이고 속는 사람들 속에서
견디며 살아오고 살아갈 날들을 뜨겁게 사랑하렵니다

나는
남에게 아픔을 주지 않으며
피해자로 사는 것을 감사합니다

나는
나보다 나를 더 잘 아시는 당신이 계시기에
바라보는 하늘은 푸르기만 합니다

가족

한나절 그림자 쫓던 해가
보랏빛 노을 창가에 드리우면
삶을 마름질하며
흩어졌던 가족들의 저녁밥 짓느라
손길이 바빠진다

다듬고, 씻고
볶고, 끓이며
심장 속 깊은 곳에 자리한
내 삶의 의미인 식구를 위해
내 손 끝에서
하루치의 사랑이 익어간다

향(鄕)

모든 사람에게는 고향이 있습니다
나 그 고향에 가고 싶습니다

사람들에게는 정향(情鄕)도 있습니다
나 그 정이 그립습니다

나에게는 미향(味鄕)도 있습니다
나 그 맛도 맛보고 싶습니다

누구에게나 몽향(夢鄕)도 있습니다
나 그 꿈 이루고 싶습니다

우리에게는 본향(本鄕)이 있습니다
나 그 본향에 가고 싶습니다

고향 바다에서

여름 하늘 한 자락을 이고
졸음을 쫓느라
다람쥐 바퀴만 돌려대다가
하얀 해를 안고 바다로 갔다

나는
한 평의 바다도
가지고 있지 않았지만
천만평들이의 물로
마음속 그리움의 목마름을 채워 주는
고향 바다

파도를 타는
바람 실은 돛배에 꿈을 싣고
사납게 일어서는 노도 헤치며
태평양을 건너는
꿈도 꾸었지

다시 시작하리라
파도의 기상으로

고향집에서

아궁이 마주하고 앉아
형님이 하던대로
군불을 지핀다

마른 풀잎, 솔방울
가끔은 산밤, 도토리도
마른 나무에 매달려와
아궁이 속에서
몸 뒤척이다 실신한다

아궁이 앞에서
보낸 시간들과
나래펴지 못한 꿈들이 옷섶 풀고
가슴에 안기는
애틋한 그리움이
활 활 타오르고 있다

집을 짓고 싶다

병풍을 두른 듯
아늑한 산자락에
살 집을 짓기로 했다
옹색할 것 같지만 열 평으로 결정했다
물새 들고 나는 저수지에서
가끔 물안개 피어오름도 기다리며 즐기기로 했다
자연이 인간을 품으면
햇볕에 그을린 살갗도 건강을 지켜주는 보호망
외딴 산골에 텃밭을 가꾸며
강아지, 토끼, 싸움닭 기르며 살아볼까 하는데
삶의 변화가 조금은 두렵기도 하다
도시에선 꿈도 못 꾸는 육백 평 밭이 있어 다행이다
나는 분명 자식을 가진 축복받은 엄마인데
오늘도 피울음에 마음은 멀기만 하다
너는 언제나 빛나는 희망이며
찬란한 내일이었다
잠 못 이루는 깊은 밤
어느 시인의 말이 나를 미소 짓게 하는데
고장 난 장난감을 내가
꼭 고쳐 놓고 말거라고 다짐해 본다

먼 길

무지개를 잡으러
집을 나섰다

있는 곳보다
있어야 할 곳을 찾아

보이는 것보다
보이지 않는 것을 보기 위하여

들리는 것보다
들리지 않는 것을 듣기 위하여

만져지는 것보다
만져지지 않는 것을 만지기 위하여 걷는
먼 길

서산에 노을이 깊다

잃어버린 마음을 찾아

에덴동산의 평화가 깨어지던 날
너만이 행복을 지키는
기수로 남았으나

매일처럼 찾아오는 두 괴한이
광란의 궤도를 달릴 때마다
흙바람 일어

양심과 비양심의 혼돈을 꿈꾸며
무너진 다리 밑에 꿇어앉아
잘려나간 꿈 조각들을 맞추고 있는
마음이 추운 사람들

그들에게
감상적인 위문을 보내던 사람들이
오늘의 패배를 깨끗하게 선언하면

얼룩진 마음을
유리잔처럼 닦아
그 자리에 채워질 당신의 형상

그 형상 때문에
각자의 이름표마다에
꽃이 되리라

꽃이 되어
잃어버린 마음도 되찾으리라

시인의 길

눈물의 밥 먹어보지 않고는
인생 말할 자격 없다고
어느 시인이 말했던가

눈물로 경작한 언어
어떤 이는 황금으로 수확하고
어떤 이는 꽃잎이나
사랑으로 거두고 있다

여직은 싹 틔우지 못한 씨앗
얼마만큼 눈물로 적시면
잎이 틀까

매일처럼
언어의 경작지를 끼고
돌아오는 절망

시의 절망은 나락으로 떨어지는
추락이 아니라
탑을 쌓는 층계라고
어느 시인은 입버릇처럼
말했지만

믿어도 좋을까
믿으며 평생을 오르다 보면
언제쯤
정상에 도달할 수 있을까

삶의 길을 묻는 자에게

삶의 길을 묻는 자에게
어제가 오늘을 모른다고 했다
오늘이 내일을 또 모른다고 한다
누구에게 다시 물을까
휘청이며 걷는다
여전히 울고 있는
구름 아래서
혼돈 속에서 스치는 음성
내가 길이요, 진리요, 생명이나니

작은 행복 · 1

비밀의 작은 우주가
내일의 창문을 열고 있다

마음 하나 바꾸는 일에도
인색했던 이끼 낀 날들
다 버리면
어둠은 빛으로 살아나고

어제의 세상 같지 않은
새로운 시간 속에
고운 마음 아니고는 갈 수 없는
초록길이 열리네

창가에 쏟아지는
한줌의 햇살도
버릴 수 없는
이 찬란한 시간이여

작은 행복 · 2

지하철
노약자 장애자 임산부 지정석
건강하고 행복한 사람은 비어 있어도
욕심내거나 부러워하지도 말아야 할
특석 아닌 경로석

허나 건강한 이들이 어디가 아픈 것일까
눈을 아래로 지그시 내리깔고
앉아 있기보다 서 있는 것이
행복한 사람인 줄도 모르고
장애자 시늉을 하며 앉아 있다

아기를 안은 사람
노인이 앞에 오면
일어서야 건강한 사람이 아닐까
앉아 있는 것보다 서 있을 수 있다는 행복

자리를 양보하고 얻은
하루치의 행복을 나는
지하철에서 무상으로 얻는다

작은 행복·3

흐르는 냇물에
벗은 발 헹구면
속진의 때 닦여 나갈까

닦여나가
더딘 발걸음 가벼워질 수
있을까

머무를 수 없는 너의
자유함
닦고 비우면
나도 자유인 될 수 있을까

처음부터 내 것은
아무것도 없었던 것을

방황

누가 알까
세월만큼이나 무겁게 지고 가는
삶의 무게를
밤이 내리는 갈대 숲속에 내려놓는다

별빛이 보석으로 반짝이는 강물에
내 영혼의 축제를 위해
슬픔을 띄웠다

지금
이 안식을 제외하고는
모두가 세상인 것이 쓸쓸하다

걸어도 걸어도
길이 보이지 않아
낮은 한숨 소리에 채이는 나

작은 가슴으로 밀려오는 파도가 방황을 삼키고
빈 마음에
기도를 실은 배 한 척 노를 젓는다

갈등

반백의 서랍 속에서
잊혀져가는 옷가지들이
빨리 지나가는 세월을
털고 있다

기성(旣成)이란 새 이름
거부할 틈도 없이
불혹의 황혼을
들이밀었다

속이고 속는 군상들이
반란을 도모할 때
내가 움켜쥔 칼날
용서라는 명분으로 버렸다

갈 때도 올 때처럼
빈손이어야 하기에
가슴에 절여둔 분노
바람에 실어 날려 보낸다

욕망

만원버스 차창 밖으로
파란 하늘을 보아도
짜증나던 때가 있었다

고가도로를 달리는
작은 차들을 보며
20대의 열정
풍성한 가슴으로 희망의 어망을 던졌다

돌부리에 터진 발 절룩이며
무지개 쫓아 끝없이 넘어야 했던
산, 산, 산

어느 날
꿈 아닌 승용차로 8차선 도로를 달려도
마음은 여전히 욕망의 빈 항아리
퍼내고 퍼내도
내 안에 잠복해 있던 탐욕의 바닥은
드러나지 않았다

소망

세상 앓는 소리로
우울한 밤

당신의 이름 부르면
절망의 내 모습이
조금씩, 조금씩 실종된다

매서운 겨울 바람 이기고
따뜻한 시작의 꿈을 꾼다

하늘에 걸린 무지개 사이로
빛이 찾아온다

무거운 짐 내려놓으라시며
일으켜 세우시는 손길
눈이 부시도록 충만으로 가득한
빛이 보이네

감사하며 사는 일

내 나이에
이미 이승을 떠난 친구도 있다

가끔은 하늘의 푸르름마저
잊고 살았던 때가 있었는데

뿌리 없는 해초처럼
어지러운 상념들이
발목을 잡는 하루는
침몰 직전에 나를 인양한
소중한 하루였다

새로운 세상이
빛으로 다가오는 아침
내 작은 손안에 담기는
가난한 한주먹 행복

때로는 작은 것들을
위안으로 삼고 살며 감사했다

생존의 뒤안길

체조선수의 동작으로 단숨에 뛰어오른 버스
8차선 도로를 달린다

밤에도 잠들지 못한 가로수가
자동차 불빛에 명멸하는 어둠과 함께
하품을 토해낸다

어디선가 모여드는 사람들이
생의 갈증을 축이는 새벽에 묻어오는 커피향이
조간신문의 기름냄새를 덮는다

등에는 업고 손으론 걸리는
먹이를 쫓는 사자의 눈빛을 한
여인의 머리 위에 얹힌 떡 광주리가
달빛에 걸려 가슴 젓는다

새벽 남대문 시장은
싸늘한 언어가 빙점 근처에서 맴돌고
하나 둘 닫힌 문과 함께
어둠을 뒤집어쓴다

오늘

폭풍은 어디쯤 오고 있을까

하루가 팍팍한 사막을 달리는 목마름이라면
갈증을 적셔줄
오아시스는 어디쯤에 있는 것일까

오늘도
푸르게 서 있는 가로수 사이로
파란 하늘을 보며
갈증의 목마름을 달랜다

삶이란 채워도 채워도
채워질 줄 모르는 허전한 항아리
추수 끝낸 가을 들판처럼
빈 쓸쓸함의 허허로움

오늘도 나의 패배를 선언하면
허욕 같은 것들이
비듬처럼 떨어져 나가는 소리
귀동냥하듯 듣고 있다

아프며 크는 나무

바위만 있고
흙과 물이 없는
산 중턱에
뿌리로만 감아 잡은
천년의 침묵

무게를 이기는 자여,
어둠을 이기는 자여,
네 몸짓이 위태롭다고
말하지는 않으리

나이테마다
눈물의 훈장 걸려 있는
인고의 세월

매운 흰 서리 내려
잎새들의 몰락에도
신의 축복이려니
청청한 너의 모습
절망은 없다

삶 그리고 감동

- 인어할머니와 선장이라는 다큐멘터리를 보고

브라운관을 꽉 채운 할머니의 얼굴엔 세월의 주름이 바람결 일으켜 훈장처럼 펄럭인다

아흔 한 해의 패인 고랑으로 얼마나 많은 흙탕물이 넘쳐흘렀을까?

해녀복을 입고 바다로 뛰어내리는 할머니를 좇아 내 눈이 초롱초롱 공중에 달린다

물질을 하며 기를 넣는 소리인가 "앗" 힘찬 외마디 소리에 고요한 바다가 흔들린다

황홀한 생명체들이 부유하는 깊은 바다 속에서 할머니의 물갈퀴 놀림으로 바위틈에 박혀있는 홍합, 성게, 전복, 물미역들이 할머니의 바구니를 채운다

긴 시간이 흐르고 잠수한 할머니의 머리가 물위에 뜨면 선장님의 손을 빌려 배위에 오르신다

바다에만 들어가면 힘이 난다는 할머니

30년 전 태풍을 따라간 남편과 두 아들 때문일까. 강아지들과 고양이들이 한가족이 되어 한 상에 둘러앉아 같이 밥을 먹는다

선장이 들고 간 해산물이 횟집에서 지폐로 바뀌는데 왜 가슴이 저려오는 걸까?
오늘도 바다가 적막에 사로잡히고 하늘은 어두워진다

곧 비가 쏟아지면 저 보이는 섬들은 또 하나의 희망이 되어 할머니의 꿈으로 떠 있겠지

못질을 하며

삐걱이는
일상의 패인 골

틈새가 나지 않도록
못질을 한다

어쩌다 잘못 박힌 못 뽑아내면
흠집으로 남는 못자국

소망을 담을 내일의 용기(容器)는
흠집나지 않게 두드려야지

못 고치는 병이래

- 아들의 병상에서

못 고치는 병이래

귓전을 스치는 희미한 떨림 속
목울대를 타고 기어오르던 절망이 폭발하여
혼돈 속으로 나를 밀어 넣는다

혈관 속으로 한 방울씩 떨어지는
생명의 하강
미래를 펼치며 키워온
아들이 꿈이었는데

영혼이 닫히는 문고리 잡고
삶과 죽음 사이를 줄타기하는 너
해질녘 산을 넘어온 빛이
혼자 비추다 돌아가는 풍경 속에서
생명의 주관자를 바라보아라

지금 그 친구는

무덤 속 외로움을
빗소리로 달래며
말없이 걷고 있는
봄비 속 녹슨 철길

풀잎 도란대는 소리에도
이명이듯 먼 그날의 포성이
당인리 가는 길 위로
발자국을 찍는다

보고픈 얼굴 위로 비는 내리고
검은 구름 속 은사시나무 곁에서
빗살로 떨어지는 너

먼길 돌아와
그리움으로 목이 탄다
너를 못잊음으로

입원

계속 내달리기만 하면
마음 좇아가지 못하는 몸으론
상처를 입을 때가 있지요

병원 침대에 누워
링거에서 떨어지는
수액을 바라보다가 문득 떠올리는

내가 다시 눈을 뜨지 않는다면
나를 기억하며 울어줄 사람
몇이나 있을까?

찬바람 묻어오는 나의 숨소리
크리스마스를 자축이라도 하듯
창밖엔 사륵사륵 눈이 내리고 있다

방문객도 발이 끊긴 늦은 저녁
오늘 하루도 작은 마음 되어
내 죄를 손가락으로 꼽으며 헤이고 있다

무덤 앞에서

– 형님의 1주기에

형님의 긴 잠은
무덤 속에서 말이 없습니다
서운했던 이승의 일들은
청솔 잎에 가리우고
보고 싶은 마음은
한 다발 국화꽃으로 드립니다
땅을 어머니로 알고
숭배하시던 형님
뿌려놓은 씨앗들이
목을 빼어 노래하는 들녘에
지는 해 보랏빛으로 그리움 칠해
눈시울에 번집니다
인연을 맺은 지 26년
작은 몸
농사일 힘에 겨워도 지치지 않으심은
땅을 사랑하셨기 때문입니다
사시는 날 동안
기쁜 일 슬픈 일 홀로 삭임질 하시며
남모르게 흘리셨던 눈물
비 되어 가슴에 내립니다

지금 청명에 계신 형님
저의 눈이 머무는 곳
어디에도 계신 모습 보입니다
형님이 빈손으로
먼 여행을 떠나셨을 때
작아지는 내 모습은
겸손과 진실의 절정이었습니다
형님 따라
다음 여행의 순서를 기다리며
산을 내려옵니다

바람처럼

바람처럼
구름처럼 살고 싶다

상실한 시간들은
빈손에 목숨 지워지듯 지우고
별 하나 가슴에 안고
야간열차에 몸을 싣는다

기적소리 들으며
종점(終點)에 다다르면
다음 일은 내일의 몫
그때 생각하기로 하자

제2부

사계 순례

봄의 연가

다시 봄
겨울 지나간 자리에
가슴에 살아 있는 약속 하나
꽃으로 피어 나고 싶은 날
맑은 영혼으로 깨어나고 싶다

깨어나
마음자리마다 꽃잎으로
수 놓으면

하얀 깃털 골라
학으로 날아간 목련이듯
영혼에도 날개 돋혀
날 수 있을까

들꽃을 사랑하여

하늘빛이 유난히도
아름다운 날엔
한 송이 들꽃으로도
삶의 환희를 맛봅니다

당신의 사랑이
영혼의 우표를 달아 날아들 때,
어두운 밤에도
빛이 되어 환히 비춥니다

보랏빛 노을 위로
종일 달려와 언 가슴 녹여주는 들꽃이 밝히는
불빛 하나
행복의 깃발입니다

푸른 숲에 가면

연초록 잎새가
보드랍게 간질이더니
햇볕과 바람을 먹고
튼튼한 모습으로
여름을 안고 옵니다

뜨거운 열기에 지친
육체의 반란을 위해
힘의 원천이 마르기 전
승리의 여름을 위해
쉬어가는 지혜를 배웁니다

쉼을 아낌없이 주는
푸른 숲에 가면
보이지 않는 바람으로 다가와
내 영혼에 희미한 꽃등 하나
켜 주는 이 있습니다

가을 단상

어디서 날아왔는지
고추잠자리 날개 위에
가을이 얹혀 있다

열린 창 너머로
고향 들판에 벼 익는 소리
햇살 누운 오후
빈 찻잔에 감빛 노을이 고여들면
작은 새 한 마리가 물어오는
몇 마디의 내 유년

그 날의 동산 숲에 걸어두었던 아침 해

시간이 산마루를 넘어선 지금
그 해를 다시 띄워 볼 수 있을까

오래 살아도 때론 낯선 도시
이 해에도 내 뜰에 머물다 떠난
여름새의 초라한 그림자를 지우며
가로수가 흔들리고 있다

가을비 내리는 밤

귀 기울여 듣는다
시리고 아픈 것들이
낙엽되어 몸 뒤척이는 소리

미래의 등불 하나
켜고 싶은 밤
내 속에는 고독 하나
열매로 달려 영글었다

공원 작은 벤치의
빈자리가 가슴 여린 밤
거리의 천사가
유리창에 빗줄기로 눕는다

스러진 오늘을 일으켜 세우는
가로등 위로
물먹음은 외로움이 흐른다

초가을

산골길에서 서성이고 있다
안개속으로 가는 길

하늘이 보이지 않는
첩첩 산은
불민(不敏)의 늪에 빠져있다

여름 지나가는 소리를
계곡을 흐르는 물소리가 싣고 떠났다

가을이 오면
마음 눌려 허기지던 아쉬움의 시장기
아직 채우지 못한 채
빈 항아리로 남아 있다

늦가을 들녘에서

열매 익히던 바람이
잎새 보낸 가지에 걸어 둔
그리움들,
아름답게 돌아갈 수 있는 길을 열고 있다

문득, 발밑에서 부서지는
아픔 하나
길 잃은 배회의
발자국만 찍고 있다

낙엽이 허망으로 지듯
내 삶의 여정도 그런 것이려니
아무도 모르게 상처가 떠난 자리에
별을 심으리라

겨울 바다에서

눈이 시리도록
바다는
뒤척이는 몸부림에 파랗게 멍이 들었다

수평 멀리 떠 있는
작은 배 한 척
만선의 외로움을 실은 채 출렁이고 있다

배에 갇힌 내가
탈출하다 찢긴 상처를 바닷물 소독수 삼아 헹구며
노를 젓고 있다

파도에 밀려 온 하얀 포말이
힘겨운 도강의 몸부림이듯
백사장에 흰 거품 뿜어내고 있다

겨울 바람

나무도 흔들림이 두려워
부동자세로 서 있다
강이라고 다르랴
복지부동
엎드려 굳은 채 미동도 않는다

어디 그뿐인가
행여 무단출입이라도
하는 날엔
문마다 꼭꼭 닫아걸고 있다

서걱대는 댓잎이
칼질로 베어내는 햇볕들도
얼어붙은 몸을 며칠째 풀지 못하고 있다
연옥(煉獄)이란 말이 허사 같다
연옥보다 무서운
빙옥(氷獄)의 지배자
겨울 바람

갈대

흔들리는 갈대를
응시하고 있으면

내 안에서
끝도 없이 흔들리는 바람이 보인다

바람 사이로 열린
길 하나도 보인다

그 길을 따라
강물과 함께 걷는
내가 보인다

가을비

삶을 힘겹게 했던
무더위
마음으로 듣는 귀에 낯익은 빗소리

가을비는 우울과 우수에 젖게 하는
가슴에 내리는 비

젖고 싶다
한사코 젖고 싶다
젖은 가슴으로 배회하는
낙엽이고 싶다

가을 공원에서

외로움 동행하고
많은 분들이 걸었음직한
가을 공원을 걷는다

찍고 가는 발자국들이
밟고 가는 것은
낙엽이었을까? 절망이었을까?

살아온 노력만큼만을 거두는
가지들의 열매

누린 푸르름만큼만 물들이는
잎새들

사람 사는 일이라고 다르랴
뿌린만큼 거두는 것이
인생경작인 것을

늦가을

종일 햇살이 놀다가는 정원
후박나무 아래
자그만 나무의자 놓여 있다

잡초를 뽑다가
그늘이 필요할 때
잠시잠시 앉아본다

찾는 이 없을 땐
길 늦은 햇볕과
미처 돌아가지 못한 낙엽과
서성이다 지친
외로움이 잠시잠시 앉았다 간다

첫눈 내리는 밤

먹물을 토해내는
밤도
한점 어둠을 칠하지 못한다

순도 100%의
순백
그 무엇으로도
물들일 수 없는 순수

칠흑으로 터져
온통 세상을
흑야(黑夜)로 뒤집어 씌어도

옥진(玉塵)이듯
한 방울도 묻어나지 않는
설야(雪夜)의
강설

제3부

낙수집

뻐꾸기 시계

산에서나 살 일이지

날마다 벽장에 갇혀
날지 못하는 뻐꾹새야

시간을 쪼으며 종일토록
무얼 보고 있었니

네가
지구를 돌고 있을 때

나는
아직 살지 않는 최고의 날들을
너와 함께 가기로 했어

아침

희망으로 맞은 아침
창을 열면 파란 하늘자락
녹슨 세월을 밀어내고

햇살에 수국 눈 비비고
풀잎에 이슬방울 구르는 소리로
뜨락의 아침을 기침한다
아침상엔 예정된 메뉴엔 없던
상긋한 꽃내음

둘러앉은 가족들을 보며
내 가슴엔
깊은 산 샘물처럼
행복이 길을 내어 흐른다

틈

찬 겨울 바람이 들락거리는
시린 틈 사이로
시린 코끝을 들이민다

가까워질 듯 멀어진
대각선으로 긋는 빗금을 사이하고
오늘과 내일을 살아가는
삶들

삶은 어느새
빈 공간이 되고
공간에 홀로 선 나는
허수아비가 된다

까치집 명상

도회지로 간 아들이
성공했다는 소식 들린 후,
주인 떠난 고향집 담 곁엔
키 큰 미루나무 한 그루가 집을 지키고 있다

물먹고 내려앉은 담장 안에는
가꾸는 이 없어도 철 맞아 능소화 곱게 피어
잎새마다 바람 일구고
바람에 이는 옛정 달래어
우물가에 앉에 세월 헤이는데
나뭇가지 입에 물고 날아든 까치
옛집 버리지 않고 둥지를 튼다

삭정이 가지에 무슨 힘이 있는 것도 아닌데
태풍에도 무너지지 않고 남아있는 까치집은
무슨 공법으로 지었기에 저러할까

앞마당 잡초 위에 감잎이 떨어지고
까치집 둥지에 머물던 바람도 떠나가면

오고 감이 그러하듯
가고 옴이 그러하듯
가슴에 한 줄의 귀거래사 새겨진다

풍경

나이를 돌아 한참을 걸었다
고향집 툇마루에 쉬어 눕는 몸 위로
늦가을에 묻혀오는 은빛 바람에
앞만 보고 달려온 회한도 짐이 되었는지
서러움의 무게로 비가 되어 내린다

이른 새벽 무서리로
주렁주렁 달려 있는 빨간 감나무를 돌아
해 어스름에 차가운 밤이 내리고
깊은 밤을 꿰매시는
어머니를 지키던
반짇고리 옆에 빛나던 등불이
산마을 까치밥을 달고 서 있는
나뭇가지에 얹혀
불꽃처럼 흔들리고 있다

바보 산수화

– 김기창 화백의 전시회에서

어둠을 물고 날던
한 마리 작은 새

들을 수 없는 귀를 열어
내면의 소리 키우던 당신
분노의 불씨 한 점
붓 끝에 묻히어
절망을 태웠습니다

흐르는 물줄기로 품은 산은
미소 담은 파란 하늘을 부르고
무지개보다 영롱한 햇살
갈대숲에 내려와
고향 이야기를 주고받는
바보 산수화

눈 감아도
겸손의 메아리
파도 끝에 묻어온다
바보 산수화
나 닮은……

어느 오후의 산책

- 국립묘지에서

침묵의 강물 위로
남산의 푸른 바람도
내려와 누운 오후

찾는 이 없는
무덤의 행렬이
가슴속 한줄기
메아리로 진다

말이 없는 영정들의
뜨거운 숨결 땅속을 흐르고
아직도 못 다한 이야기들
푸른 언덕에 피고 있는데

가신 이들의 마지막
외침소리 들리는 듯
은빛 햇살도
비가 되어 내린다

다시 찾은 밤섬에서

강물은
가슴에 세월로 흐르고
언젠가 날려 보냈던
철새 한 마리
유년의 꿈을 물고
강을 건넌다

눈감으면
포성과 함께 서울을 떠난 뒤
흰 눈 맞으며 썰매 지치기
초가지붕에 대롱이던 고드름 따먹기
여름 홍수로 강물이 불면
등교길이 아득했던 기억들이
그리움의 필름으로 돌아가고

양잠과 약초재배로 풍요를 누리던 조상들
흩어진 지금 어디에 살으실까
흑백사진 속에 눈물로 얼룩진 세월을 등에 하고
철새의 고향이 되어 버린
밤섬의 역사를
후조(候鳥)가 오가며 물어보고 있구나

천둥 번개 치는 밤

무서워라 천둥 번개 치는 밤
질풍노도 앞세운
태풍 "콤파스"는 무서웠다

찌지직 번쩍 번개가 긋고 가는
하늘이 터지는 우렛소리에
나도 몰래 두 눈 두 귀를 막고 있다

감은 눈에는
멀리 서 있는 고목나무가
불타는 환영이 떠오른다

아파트 9층
창문만 살짝 열어도 바람의 시퍼런 칼날에
팔 하나 떨어져 나갈 것 같다

창조주의 경고음이
마음을 낮추게 하는 밤
영원의 끝을 잡고 무릎을 꿇는다

창가에서

빛과 그들이 같이 사는 창가에
정성스레 키운 난초가 꽃대궁을 내 놓는다
너도 보은(報恩)을 하는구나

너는
흙에 살면서 흙에 묻지 않고
물을 먹지만 물에 젖지 않고
같이 살지만 접(接)하지 않아
화(和)하되 동(同)하지 않으니

너를 통하여
더러운 세상 홍진만장(紅塵萬丈)에서
마음의 본향(本鄕) 청천(靑天)을 본다

석양

한강대교를 지하철이 달린다
불타는 낙조가
차창에 한 폭 그름으로 걸린다

가슴엔 뜨거운 물살로 흐르는
젖은 시간들이
세월의 징검다리 되어
균열된 돌담길을 건너라고 한다

위험이 널려있는 것을
알고 있는 나에게……

첫사랑

나의 모든 것
.
.
.
.
나 그대 곁에 다가설 때,
그대 이미 없어라

회색도시

공습경보가 울린 거리처럼
굳어있는 너에게서
궤도수정의 사인을 읽는다

포클레인 날카로운 이빨에
힘없이 무너지는 대지의 함성
자고 깨면 솟아나는 빌딩숲의 기세
콘크리트의 위세는 유토피아가 가능하다며
속도에 가속도를 달았다

자연과의 이별은 문명이기의 탓일 뿐,
유토피아는 불가능하다고 말하는
속도에 떠밀려온 회색도시

자연으로 돌아가고픈 너와 내가
삶의 전부를 던져
창조주의 질서대로
흙내음
가로수의 생기로

생명

\- 사이판 정글 속 요꼬이가 숨어있던 굴 앞에서

밀림 속은
아무도 살지 않는 유배지였다
하늘 가리운 나무와
바람 사이로
조각난 하늘이 눈길을 줄 뿐
지구 위에 버려진 안식
이 밀림 속에 패잔병 요꼬이는 목숨을 심었다
짐승들의 울음과 새들의 지저귐
나뭇잎들의 이야기를 들으며 땅을 팠다
사람이 두려워 낮에는 두더지로
밤이면 웅덩이를 찾아 물고기 사냥으로
27년의 긴 세월
생존의 영역으로 침입한 사냥꾼의 겁먹은 눈동자
요꼬이가 세상에 알려지던 날,
사람들은 솜털을 일으켰다
어느 눈부신 봄날
구름 같은 여인의 사랑을 타고
그는 행복의 둥지로 날아갔다
살아있음의 환희였다

별처럼

– 갈멜 수도원에서

별처럼
높은 곳으로 날아오른
금단의 향기여

그대 눈 속에 담긴
하늘이 너무 맑아서
묵정밭 같은 마음이
고운 흙으로 부서지고 있습니다

슬픈 영혼의 꽃
하늘에 옮겨 심었다는 그대의 말처럼
수원 뜰에 하얀 꽃으로 피어난
자유한 천사여

지간의 높은 산 넘어야 했을 때
가슴을 흐르던 눈물
당신의 영혼 저 멀리에서
지금도 들리고 있는지요

성스러운 하늘옷
눈부신 그대 앞에서
나는 보이지 않고
당신의 숨소리 듣습니다

밤길 걸으며

고기비늘처럼 누워 있는
보도블록 위로 촘촘히
별무리 서고

삶을 상실시켰던 무더위 속,
침체를 벗어나려는 날개짓이
힘겨워 하늘을 바라본다

여름의 꼬리 잡고
계절이 가는 소리 낙엽에서 듣는다

진실이 통하는 세상에 꽃밭을 가꾸고
녹슨 삶의 무게는 무덤 속에 가두고

선을 행할 수 있는 시간이 얼마나 남았는지
날아가듯 빠른 세월이여

비로소 시간의 소중함이
목마르다

모란장 가는 날은

모란장 가는 날은
언제나
가슴 언저리에 석류모양 빠알간
물이 들어 얼룩진다
아들의 관절염에 특효약이라고
종일 걸려 발품팔아 지어온 약제에
고양이, 토종닭이 온몸으로 부서져
제물이 되고

눈 감아도 신음소리 들리는데,

하얗게 말려가는 영혼, 푸르른 생명으로 일어날 그 날을 소망하며, 예쁘지 않은 닭집 아주머니와 눈맞춤하면 또 하나의 생명이 시선 위로 퍼붓는 차디찬 여명의 촉수, 허깨비가 수없이 모여 춤을 추듯, 현란한 심장의 바람소리 연기처럼 허물어지는 모란장 가는 날의 연민

그날을 기다리며

- 아기봉에서

언제일까
억새꽃 바람도 녹이지 못한
휴전선의 얼음벽
강물로 흐르게 될 날

달빛에 숨겨진 눈물
바위가 된 겨레의 심장위로
자꾸만 떨어진다

내가 기억할 수 있는 소리 없는 울음
언제나 물레방아 소리가 들린다던
어머니의 북쪽 하늘가

그 작은 하늘이
까맣게 누워 있다
여기 지척에

태백의 밤하늘

별의 반짝임으로
어둠이 열리고
나뭇가지 사이
별빛이 송알송알 열리면
다시금
별로 태어나고 싶은
내 소망은 바람 되어
이 밤 태백의 창공을 달린다

무제

먼데서 가까이에서
물 오른 새 생명의 숨소리 들린다

혈맥이라도 트이는지
토악질로 게워낸
각혈(咯血)이 묻어 있다

3월의 바람이
낮은 자리에
꽃잎으로 보표(譜表)를 그리고 있다

산책

이름 모를 산새 소리에 취해
숲속길 찾아든다
어깨 위로 쏟아지는 빛줄기는
침잠하는 내 영혼을 일으킨다

길 가 고개 숙인
가녀린 들꽃 한송이
이별하지 못한 꿈 따라
눈물짓는 내 영혼 위로하고
나에게 다가와
손붙잡는 햇살 한줄기
나를 일으켜 세운다

한강에서

빛바랜 폐선 한 척 외로이 떠 있는
천년 꿈의 여울
오늘 너에게서 몸살앓는 소리
듣는구나

난세에도 너의 맥박 뛰는 소리 들으며
용기를 내고
칠석날 연등놀이로
한겨울 썰매 타기로
유년의 시간들이 행복하기만 했다

홀로 고독에 깊어진 너는
섬을 만들어 철새를 불러들여
고독을 달랬다

도시의 모습은 세월 따라 사라지고
갈매기 날갯짓 보이지 않아도
아직 절망할 때가 아니다
강이 깨어나는 소리 들린다
유년의 추억이 숨쉰다

살아있다 너는
늘 푸르고 영원하여라

새벽 약수터

새소리
골짜기 지나가는
바람의 발자국 소리에
잠깨는 숲 속

아침 햇살 담은 표주박 속
반가운 얼굴들이
오버랩 되고

달빛 먹은 하얀 박꽃처럼
순한 모습들이
한웅큼 떠올린 손바닥에
옹기종기 모이면

내 시린 가슴에는
그리움이 샘물로 솟는다

라오스에서 온 신부

보랏빛 흰빛
라일락 꽃향기에
멀미가 날듯 취해있던 오후
반 지하방에 이삿짐 실은 1톤 트럭이 도착했다
들은 대로
넉넉한 엄마 곁에 40이 넘었다던
노총각 아들이 서 있다
365일 삶의 무게였던 아들에게
18세의 신부가 나비처럼 날아왔다
인연의 끈 잡고 태평양을 건너온 사랑의 향기
반쯤은 어둠을 가리고 하얗게 넘치는 기쁨 넘어
봄 하늘에 비친 신부 모습에 마음 벅차짐은
배고픔에 신화 같은 사랑 닻을 내리고 있음이다
사슴의 눈 닮은 맑은 동공 속에
겁과 두려움으로 흔들리는 눈빛
허물어지지 않을 작은 연가가 되어 흐른다
행복하여라

제4부

시집 평설

■ 시집평설

소박한 삶, 경건한 신앙 시로써 형상화

박진환
(문학평론가 · 문학박사)

1. 前提

일찍이 프랑스의 비평가인 R.M 알베레스는 그의 역저 『20C의 지적모험』에서 시인은 믿어야 한다. 未知의 세계를 믿는 신앙인이어야 한다는 요지의 피력을 한 바 있다.

未知의 세계란 알지 못하는, 일찍이 경험한 바 없는 旣知의 세계에 대응되는 개념이다. 그 때문에 현실적으로 존재하지도 할 수도 없는 일종의 가상의 세계일 수 있다. 종교적으로 말하면 구원의 세계인 낙원이나 바라밀다의 세계일 수도 있고, 문학적으로는 밀턴의 『실낙원』이나 단테의 『신곡』쯤에 빗대어 볼 수 있는 그런 세계다. 또 상상력을 빌어 말하면 자연이 결합시켜 놓은 것을 해체할 수도, 해체해버린 것을 다시 결합해내는 베이컨적인 인간 내면의 힘에 의해 설정해 볼 수 있는 그런 세계이기도 하다. 그런가 하면 낭만적 동경의 이상향쯤으로 이해할 수 있는, 현실 저쪽의 세계, 곧 현실 밖의 세계이거나 현실을 초월한 세계가 될 수도 있다.

해석이야 어쨌건 旣知의 세계에는 존재하지 않는 그 때문에 경험해보지 못한 세계를 신앙한다는 것은 아우구스티누스의 말을 빌면 눈으로 보지 못한 것에 대한 믿음일 수도 있고, 괴테의 말처럼 보이지 않는 것에의 사랑일 수도 있다. 그런 의미에서 보면 신앙이란 소망하는 것에 바탕한 소망사고의 정신적 지향일 수도 있고, 이를 실현하고자 하는 정신적 돌진일 수도 있게 된다.

사랑과 믿음에서 생을 출발시킨 모든 인간은 그래서 신앙인이 될 수밖에 없고 그 때문에 신앙인은 정신적 궁극인, 旣知의 세계를 넘어선 이상향 곧 未知의 세계에 도전할 수밖에 없게 된다. 그리고 이러한 도전은 보다 나은 삶을 향한 행진이고 돌진일 수 있게 된다. 종교란 바로 이러한 신앙에서 비롯된 인간의 궁극을 향한 출발이다. 그래서 인간이 종교의 시작이며 끝이다고 종교의 본질을 피력한 포이에르바하의 피력은 설득력으로 다가온다.

영국 격언에 모든 종교는 말이 아니고 실행이란 말이 있다. 그것이 이상이었건 생의 궁극을 향한 정신지향이었건, 구원을 향한 부단한 구도였건, 이를 실현하기 위해서는 실행이라는 행동을 필수화 한다. 아무리 위대한 정신적 은총이라도 행동으로 실천하지 못했을 때는 구두선이 되고 마는 이치와 같게 된다. 그리고 이러한 이치는 고스란히 미지가 아닌 旣知의 세계에 대한 충실을 요구하게 된다.

旣知의 세계에 대한 충실은 삶에의 충실로써만이 가능하다. 현실적 삶을 버리고서는 그 어떠한 未知의 세계의 설정도, 실현도, 진입도 불가능한 한갓 정신유희의 한계를 극복할 수 없기 때문이다. 이는 곧 未知의 세계가 현실 밖의 세계가 아니라 旣知의 세계와 연계된, 旣知의 삶에 충실했을 때만이 未知의 세계를 꿈꿀 수도, 꾼 꿈을 실현할 수도 있게 된다는 뜻인데 이는 곧 현실적 삶에의 충실 없이는 불가능하다는 이치와 잇대이게 된다.

논어에 보면 未知生 焉知死란 말이 있다. 삶도 모르면서 어찌 죽음을 말할 수 있겠느냐는 뜻인데 이를 원용해 보면 旣知의 세계도 모르면서 어찌 未知의 세계를 말할 수 있겠느냐는 등식을 성립시킨다.

주어진 삶에 충실하면서 사랑으로 살아가는 소박한 삶과 삶의 궁극을 향한 경건한 신앙으로 사랑을 실천해가는 삶의 진실을 몇이나 실천하며 살아가고 있을까. 이러한 의문을 타자가 아닌 스스로의 삶으로 답을 구하면서 살아가는 시인이 있다.

모두 떠나버린
빈 자리엔

등불 하나쯤
켜 두고 싶다

빛이 쇠진하여져
보는 이 없더라도

어둠 속 사라져가는
그 영혼을 위하여

「작은 등불」이란 시집 제목이기도 한 이 시는 소박하면서도 진솔한 삶과 그 삶으로 밝히고 싶어 하는 빛에의 경건한 신앙이 번져나고 있음을 읽을 수 있게 하는데 황호빈 시인이 시집 『작은 등불』로 밝힌 삶과 신앙의 세계가 그러하다.

2. 소박 · 진솔한 삶

황호빈 시인이 시집 『작은 등불』로 밝힌 삶은 소박하면서도 진솔하다. 꾸미지 않고도 아름답고, 아름답지 않으면서도 진솔하게 받아들일 수 있게 하는 삶을 일컬어 부끄럽지 않는 삶이라고들 하는데 부끄럽지 않는 삶을 달리 풀이하면 정신적 삶과 함께 현실적 삶을 충실히 살아가는 삶을 말한다.

황호빈 시인은 이러한 삶을 시집 『작은 등불』로 밝혀주고 있는데 시를 제시했을 때 이해를 도울 것으로 본다.

가) 흘리고 달려온 꿈
만나기 위해
거리로 나섰다

문명에 침몰되어 가는 오늘이
발길에 채이고 있다

추락하는 잎새에 인화된
갈증에 타고 있는
지친 얼굴들이
쉴곳은 어디에 있을까

잃어버린 꿈밭에 경작해온
포기할 수 없는 내일이 있어
퍼내어도 마르지 않을

깊은 샘 파고 있다

나) 한나절 그림자 쫓던 해가
보랏빛 노을 창가에 드리우면
삶을 마름질하며
흩어졌던 가족들의 저녁밥 짓느라
손길이 바빠진다

다듬고, 씻고
볶고, 끓이며
심장 속 깊은 곳에 자리한
내 삶의 의미인 식구를 위해
내 손 끝에서
하루치의 사랑이 익어간다

다) 비밀의 작은 우주가
내일의 창문을 열고 있다

마음 하나 바꾸는 일에도
인색했던 이끼 낀 날들
다 버리면
어둠은 빛으로 살아나고

어제의 세상 같지 않은

새로운 시간 속에
고운 마음 아니고는 갈 수 없는
초록길이 열리네

창가에 쏟아지는
한줌의 햇살도
버릴 수 없는
이 찬란한 시간이여

예시 가)는 「하루를 살아가는」, 나)는 「가족」, 다)는 「작은 행복·1」의 각각 전문이다.

하루하루를 살아가는 인생과 가족을 중심으로 모여 사는 작은 행복들이 보여주는 소시민적 소박한 삶이 진솔하게 표출되고 있어 따스한 이웃의 가족애와 隣人愛를 느끼고 체험하게 해준다.

예시 가)는 도시문명에 침몰되어 가는 찌든 삶과 지친 삶들이 추구하는 휴식처는 어디인가고 설의함으로써 고달픈 삶의 현장을 과장 없이 진솔하게 진술하고 있다. 그러면서도 삶의 수렁에 침몰하지 않고 예시 종연이 보여주는 '잃어버린 꿈밭에 경작해온' 꿈과 '포기할 수 없는 내일'을 열어가기 위해 '퍼내어도 마르지 않을 / 깊은 샘'을 파고 있는, 꿈이라는 희망과 희망의 실현을 위해 좌절하지 않고

생을 천착해가는 보다 나은 삶에로 정진하는 멈출 줄 모르는 행보를 보여주고 있다.

예시 나)에서는 예시 가)에서의 개인적 삶이 가족이라는 소집단적 삶으로 이동된다. 수고로운 하루가 끝나는 곳에 마련된 가정이란 공간으로 귀로를 재촉해 가족들이 모이고 이들의 삶을 하루치의 사랑으로 마련하는 저녁 식단이 차려진다.

'다듬고, 씻고 / 볶고, 끓이며 / 심장 속 깊은 곳에 자리한 / 내 삶의 의미인 식구'를 위해 익어가는 하루치의 사랑으로 마련한 만찬의 식단엔 하루치의 사랑과 함께 하루치의 행복이 차려진다. 그리고 식단에 둘러앉아 오순도순 나누는 잘 보내진 하루를 감사할 줄 아는 삶의 소박성과 진솔성은 소시민의 가난하나 부끄럽지 않는 행복으로 익어가는 사랑을 한 장의 스냅으로 제시해주고 있다.

예시 다)의 「작은 행복」 은 이를 보다 극명하게 진술해주고 있다. '내일로 열리는 창문'으로 암시된 새로운 삶에의 지향, '이끼 낀 날들을 버리는 곳'에서 어둠을 젖히고 살아난 빛과 '고운 마음 아니고는 갈 수 없는 / 초록길'로 열리는 통로, 그리하여 마침내 가득한 햇살로 충만하는 '찬란한 시간'들은 충분히 작은 행복이면서 '마음 하나 바꾸는' 마음의 빗장을 열거나 마음의 창이 여닫는 개폐 기능을 통해서만 맛볼 수 있는 큰 행복이다.

욕심을 버리고 사는 삶의 마음 비우기는 비움으로 가득 채울 수 있는 이치가 아니던가. 안분지족이랄까, 불평보다 먼저 감사할 줄 아는 삶만이 맛볼 수 있는 행복이 아니던가. 이러한 행복을 시인은 시로써 말해주기도 한다.

눈물의 밥 먹어보지 않고는
인생 말할 자격 없다고
어느 시인이 말했던가

눈물로 경작한 언어
어떤 이는 황금으로 수확하고
어떤 이는 꽃잎이나
사랑으로 거두고 있다

여직은 싹 틔우지 못한 씨앗
얼마만큼 눈물로 적시면
잎이 틀까

매일처럼
언어의 경작지를 끼고
돌아오는 절망

시의 절망은 나락으로 떨어지는

추락이 아니라
탑을 쌓는 층계라고
어느 시인은 입버릇처럼
말했지만

믿어도 좋을까
믿으며 평생을 오르다 보면
언제쯤
정상에 도달할 수 있을까

예시는 「시인의 길」 전문이다. 시 쓰는 시인으로 살아가는 길을 '탑을 쌓는 층계'로 알고 끊임없이 오르는 층계에의 도전을 화자는 시인의 길로 제시하고 있는데 이는 화자의 시인의식과 함께 각별한 의미를 지니고 있다고 여겨진다.

시집 서문격인 「시인의 말」을 보면 "시를 쓰면서 모든 아픔들을 감사하며 살 수 있었지요. 바람은 가난한 마음에 용기와 소망의 언어로 사랑의 울타리를 치고 영혼의 울림이 있는 시를 쓰고 싶어 기도합니다"라는 시인의 변을 읽을 수 있다. 이 말 속엔 '시를 쓰면서 모든 아픔을 감사' 할 줄 알고 '소망의 언어로 울타리를 치고 영혼의 울림이 있는 시'를 쓰고 싶어 '기도' 한다는 시인의 삶을 시와 함께 해왔고, 이를 형상으로 빚음으로써 행복할 수 있었다는

증언이 되어주고 있다.

그리고 이러한 시적 '기도'는 시인의 신앙적 기도로 연계되면서 시인의 소박·진솔한 삶을 종교적 삶으로 이끌어 올리는 또 다른 삶으로 승화시키기에 이른다.

3. 경건한 신앙과 기도

신앙은 기도의 수반을 필수화 하고 이를 통해 신앙으로 소망하는 열망들을 성취하고자 하는 企圖는 기도를 수반하기 마련이다. 그리고 이때의 기도는 비단 종교적 전제만이 아니라 개인적 삶을 통해 실현하고자 하는 소망사고를 위해, 기구의 수단이나 방법으로 차용되기도 한다. 이 점에서 기도는 비록 신앙을 가지고 있지 않더라도 기도를 드린다는 것은 참으로 마음이 편안한 일이라는 체흡의 피력은 설득력을 지닌다.

이런 의미에서 기도는 신앙 자체이고 신앙과 기도는 화폐의 양면과 같게 되는 연계맥락을 지니게 된다. 전제에서 밝혔던 未知의 세계에 대한 신앙도, 신앙을 위한 기도도 같은 맥락에서 이해될 수 있다.

이런 전제를 제사하면서 황호빈 시인의 시집『작은 등불』에서의 경건한 신앙과 기도를 시를 제시, 밝혀보기로 한다.

가) 나는
깨어진 소중한 마음 위해
당신이 보증이 되어 주시길 기도합니다

나는
내면에 영원히 흐르는 맑은 물
흐리지 않기를 소망합니다

나는
속이고 속는 사람들 속에서
견디며 살아오고 살아갈 날들을 뜨겁게 사랑하렵니다

나는
남에게 아픔을 주지 않으며
피해자로 사는 것을 감사합니다

나는
나보다 나를 더 잘 아시는 당신이 계시기에
바라보는 하늘은 푸르기만 합니다

나) 무서워라 천둥 번개 치는 밤
질풍노도 앞세운
태풍 "콤파스"는 무서웠다

찌지직 번쩍 번개가 긋고 가는
하늘이 터지는 우렛소리에
나도 몰래 두 눈 두 귀를 막고 있다

감은 눈에는
멀리 서 있는 고목나무가
불타는 환영이 떠오른다

아파트 9층
창문만 살짝 열어도 바람의 시퍼런 칼날에
팔 하나 떨어져 나갈 것 같다

창조주의 경고음이
마음을 낮추게 하는 밤
영원의 끝을 잡고 무릎을 꿇는다

다) 세상 앓는 소리로
우울한 밤

당신의 이름 부르면
절망의 내 모습이
조금씩, 조금씩 실종된다

매서운 겨울 바람 이기고

따뜻한 시작의 꿈을 꾼다

하늘에 걸린 무지개 사이로
빛이 찾아온다

무거운 짐 내려놓으라시며
일으켜 세우시는 손길
눈이 부시도록 충만으로 가득한
빛이 보이네

예시 가)는「나는」, 나)는「천둥 번개치는 밤」, 다)는「소망」의 각각 전문이다. 예외없이 예시들은 종교적 신념이랄까, 열망이랄까, 이루고자 하는 소망사고랄까를 기구하는 종교적 신앙의 발로에서 시를 출발시키고 있다.

예시 가)에서는 '나'와 '당신'이라는 주종관계랄까, 신앙으로 건 연결고리라고나 할까, 어떻든 '당신'이라는 절대자에게 화자 스스로의 지향과 소망을 의탁함으로써 종교적 신앙을 확인하고자 하는 기구를 읽을 수 있게 한다.

예시 나)에도 '콤파스'라는 자연의 재앙인 태풍이 몰아치는 밤의 두려움과 공포를 창조주의 경고음으로 수용하면서 사함을 받고자 드리는 기도이고 예시 다)는 '당신'을 통해 절망지우기, 꿈꾸기, 빛 찾기, 일으켜 세우시는 손길 잡기 등이 말해주고 있듯이 절망과 구원이라는 등식을 통해 종교적 신앙에의 궁극을 지양하는 모습을 보여주고 있다.

그렇기는 하나 예시들이 보여주는 신앙·종교·기도와는 달리 황호빈 시인이 시집 『작은 등불』을 켜고 밝히는 신앙 속엔 旣知를 통한 未知에의 지향이랄까, 꿈이 종교적 기구에 오버랩되어 삶과 시와 신앙의 밀도를 더해주고 있어 종교적 경건을 읽게 해주고 있다는 점을 간과해서는 안 될 것으로 여겨진다.

4. 결어

이쯤에서 마무리를 해야 할 것 같다. 결론적으로 집약하면 황호빈 시인의 시집 『작은 등불』은 시인의 삶을 밝혀주는 등불이자 시의 길을 열어주는 등불, 그리고 신앙의 길로 인도하는 등불의 역할을 동시적으로 수행하는 등불이 되어주고 있다는데 귀결된다. 그리고 황호빈 시인이 이를 시로써 재구성, 형상화함으로써 시적 성과와 함께 형상미학의 몫을 훌륭히 해냈다고 할 수 있다.

•

황호빈 시인은 서울에서 출생했으며 성균관대학교 국어국문학과를 수학하고 백석대학교 여목회학과를 졸업했다. 덕성여대 평생교육원 시창작반을 수료하였으며 『조선문학』 신인상에 시가 당선되어 문단에 데뷔했다. 한국문인협회 회원, 조선문학문인회 부회장, 운현시문학회 부회장이다.

•

작은 등불

2012년 10월 25일 인쇄
2012년 10월 31일 발행

지은이 / 황호빈
발행인 / 박진환
펴낸곳 / 조선문학사
등록번호 / 1-2733
주소 · 110-092 서울 서대문구 홍제2동 96-4
대표전화 / 730-2255
팩스 / 723-9373

ISBN 978-89-98115-03-6

정가 10,000원